课后半小时
小学生阶段阅读

文化基础 ✕ 自主发展 ✕ 社会参与

美丽中国

课后半小时编辑组 ■ 编著

我们共同的家园

011

北京理工大学出版社
BEIJING INSTITUTE OF TECHNOLOGY PRESS

核心素养之旅
Journey of Core Literacy

中国学生发展核心素养，指的是学生应具备的、能够适应终身发展和社会发展的必备品格和关键能力。简单来说，它是可以武装你的铠甲、是可以助力你成长的利器。有了它，再多的坎坷你都可以跨过，然后一路登上最高的山巅。怎么样，你准备好开启你的核心素养之旅了吗？

文化基础

科学基础
- 第 1 天 万能数学 〈数学思维〉
- 第 2 天 地理世界 〈观察能力 地理基础〉
- 第 3 天 物理现象 〈观察能力 物理基础〉
- 第 4 天 神奇生物 〈观察能力 生物基础〉
- 第 5 天 奇妙化学 〈理解能力 想象能力 化学基础〉

科学精神
- 第 6 天 寻找科学 〈观察能力 探究能力〉
- 第 7 天 科学思维 〈逻辑推理〉
- 第 8 天 科学实践 〈探究能力 逻辑推理〉
- 第 9 天 科学成果 〈探究能力 批判思维〉
- 第 10 天 科学态度 〈批判思维〉

人文底蕴
- 第 11 天 美丽中国 • 传承能力
- 第 12 天 中国历史 〈人文情怀 传承能力〉
- 第 13 天 中国文化 〈传承能力〉
- 第 14 天 连接世界 〈人文情怀 国际视野〉
- 第 15 天 多彩世界 〈国际视野〉

自主发展

学会学习
- 第 16 天 探秘大脑 〈反思能力〉
- 第 17 天 高效学习 〈自主能力 规划能力〉
- 第 18 天 学会观察 〈观察能力 反思能力〉
- 第 19 天 学会应用 〈自主能力〉
- 第 20 天 机器学习 〈信息意识〉

健康生活
- 第 21 天 认识自己 〈抗挫折能力 自信感〉
- 第 22 天 社会交往 〈社交能力 情商力〉

社会参与

责任担当
- 第 23 天 国防科技 〈民族自信〉
- 第 24 天 中国力量 〈民族自信〉
- 第 25 天 保护地球 〈责任感 反思能力 国际视野〉

实践创新
- 第 26 天 生命密码 〈创新实践〉
- 第 27 天 生物技术 〈创新实践〉
- 第 28 天 世纪能源 〈创新实践〉
- 第 29 天 空天梦想 〈创新实践〉
- 第 30 天 工程思维 〈创新实践〉

总结复习
- 第 31 天 概念之书

一封来自祖国的信

亲爱的小朋友：

你们好，我是中国。我从千年风雨中走来，如今拥有着可爱的儿女、绵延的山川、奔流的江河以及强大的国力，兴衰荣辱沉淀下来我又焕发出新的生机。都说我是一个独一无二的国家，的确，我有着独一无二的地理位置，我的身体里有高原、盆地、平原，世界第三和第五大河也位于这里，它们就是我们大家都熟悉的长江与黄河……

我们认识的这些年，你们对我的了解有多少呢？在这里，我再做个自我介绍吧。不如就顺着上面，先从美丽的风光说起，在我 960 万平方千米的身体中，巍峨的山川好比健壮的躯干，奔腾的河流是新鲜的血液，宝贵的资源是跳动的细胞，覆盖的植被是我茂密的头发，是它们，赋予了我美丽的容颜和不竭的生命力。而厚重的历史和灿烂的文化给了我充满香气的灵魂，

一个个缤纷但又各具特色的城市是我的语言，它们通过建筑、美食、特产续写着不完结的篇章。

最令我骄傲的，是我有 14 亿多可爱的中华儿女，其中当然也包括正在读信的你们，谢谢你们对我的关怀、信任、保护、建设和赞颂，未来也一起往前走吧，我们都会越来越好！

祝你们健康快乐地长大！

你们永远的家园　中国

看，这里就是我们的故乡，我们的祖国！

好大一个家！

撰文：Sun

　　我们的国家，是一个五星红旗高高飘扬的国家，有着辽阔的土地、秀丽的河山、勤劳的人民……我们生于此，长于此。这里便是我们最熟悉的地方——中国。中国被称为东方巨龙，我们中华儿女被称为龙的传人，身为其中一分子的你，对它了解有多少呢？

我叫中国，就是那个大名鼎鼎的中国。我不仅名声大，版图也不小，是世界第三大国。我可不是在吹牛，听说马上就有一群小朋友来看我，我已经迫不及待地想带他们去周游啦！

秘密日记

我到底有多大呢？

我们的大中国呀，好大的一个家！

美国
约 937 万平方千米

英国
约 24 万平方千米

蒙古国
约 157 万平方千米

中国
约 960 万平方千米

PM 12:00

上课中

中国的国土面积有 960 万平方千米，东西横跨 5 个时区，南北穿越五大温度带，居世界第三，亚洲第一。

吃午饭

新疆喀什

黑龙江佳木斯

辽阔的疆域

如果想要从最西端的帕米尔高原步行到最东端的黑瞎子岛（5 200 千米，平均时速 5 千米），你可能要走 43 天 8 小时才能到达。

你好你好！

新疆帕米尔高原
（73°40′E）
处于东五区

———————————— 国界线
———————————— 海岸线

中国包括 960 万平方千米的土地面积、473 万平方千米的海域面积和 1 260 万平方千米的领空面积。

黑龙江省漠河
（53°33′N）
平均气温 -5.5 摄氏度

你们好啊，我是地球！我们后面会再见的，祝大家旅途愉快！

从最北端的漠河到最南端的曾母暗沙有5 500 千米的距离，哪怕是有一条笔直的公路连接两地，开车过去（平均时速80 千米）也要 2 天 17 小时。

南海曾母暗沙
（3°58′N）
平均气温 26 摄氏度

南海诸岛

6500万年前的
一场较量

撰文：Sun

翻开地图，就会清晰地看到我们的国家，她如一只雄鸡般屹立在世界的东方，960万平方千米的大地上，56个民族亲如一家。接下来，我们先看一看中国的"前世"吧！

当时的地球只有一块大陆，一家"六口"生活在这里。

有一天，老大亚欧板块和老五印度洋板块打起架来，发生了板块大碰撞。

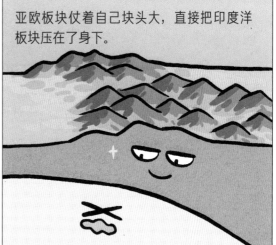

亚欧板块仗着自己块头大，直接把印度洋板块压在了身下。

亚欧板块逐渐抬升，并且越来越高，就形成了号称"世界屋脊"的青藏高原和喜马拉雅山，它们平均海拔在 4 000 米以上。

8 000
6 000
4 000
2 000

然而这场大碰撞的洪荒之力

还没有释放完毕，

剩余力量开始向外扩散。

黄土高原、云贵高原升到了海拔 2 000~3 000 米。

3 000

2 000

1 000

0

黄土高原　　云贵高原　　塔里木盆地

华北平原、东南丘陵等，没有升太高，保留在了海拔 500 米以下。

华北平原

东南丘陵

长江中下游平原

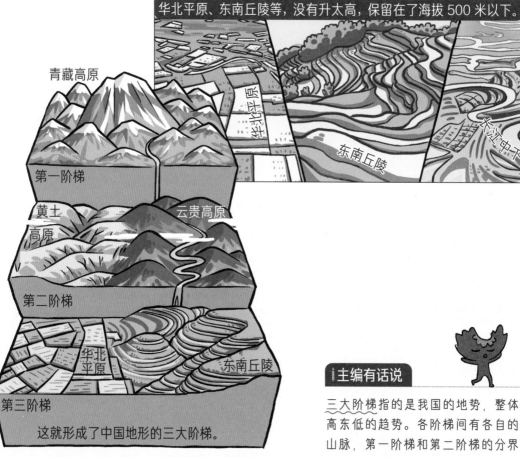

青藏高原

第一阶梯

黄土高原

云贵高原

第二阶梯

华北平原

东南丘陵

第三阶梯

这就形成了中国地形的三大阶梯。

■主编有话说

三大阶梯指的是我国的地势，整体呈西高东低的趋势。各阶梯间有各自的分界山脉，第一阶梯和第二阶梯的分界山脉是**昆仑山脉、祁连山脉、横断山脉**一线，第二阶梯和第三阶梯的分界山脉是**大兴安岭、太行山、雪峰山**一线。

看看你的家乡在哪里

撰文：Sun
美术：露可一夏

白山黑土的故乡——东北平原

既然已经知道我是怎样形成了，那就该去我家做做客啦，不如我们就沿着"三级阶梯"出发吧！

首先，我们来到的是位于第三级阶梯的东北平原。

中国最大的平原——东北平原。

▶延伸知识

东北平原是全球仅有的三大黑土区域之一。这里的土地肥沃，是中国最重要的粮食业生产基地，有"北大仓"之称。

沃野千里——华北平原

水乡泽国——长江中下游平原

山寺月中寻桂子，
郡亭枕上看潮头。
——唐·白居易
《忆江南词三首 (其二)》

春水碧于天，画船听雨眠。
——唐·韦庄
《菩萨蛮 (人人尽说江南好)》

画船儿天边至，
酒旗儿风外贴。
——元·张养浩
《水仙子·咏江南》

关于江南的诗句有哪些？

长江上游带来的泥沙，经过长时间冲积，
形成了著名的长江中下游平原。

上下求索 ● EXPLORATION

漫画加油站 15

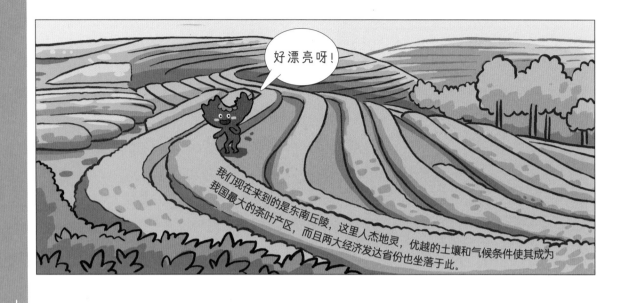

茶香四溢——东南丘陵

说到福建，总会想起当地的特色建筑——土楼。

因为大多数由福建客家人所建，所以又称"客家土楼"。

土楼属于聚居式建筑，其形式多种多样，

有圆楼、方楼、五凤楼等类型。

中国实在太大了，走了这么久才走完第三级阶梯，接下来我们再往上走！

火焰山的传说——吐鲁番盆地

位于新疆天山东部的吐鲁番盆地，是我国夏季气温最高的地方，温度最高能达到45摄氏度。像吐鲁番地区这么热的地方，土地干旱就成了一大问题。但人的智慧是无穷的，聪明的当地人发明了一种适合旱地的水利工程——坎儿井，即把

这就是传说中的"火焰山"吗？果然又热又干！

远山地下的水通过地下暗渠引到村庄，以便减少水在地表的蒸发。

坎儿井的历史很悠久，它与万里长城、京杭大运河并称为中国古代三大工程。坎儿井中水的流量比较稳定，即使碰到干旱年份，人们的生活用水和农田灌溉也不必太过担心。

风吹来的高原——黄土高原

好壮观！

这里难道就是中国古代文明发祥地之一的黄土高原吗？

▶延伸知识

窑洞

窑洞是人们利用土崖挖出横向洞穴修建而成的房屋。窑洞顶一般呈拱形，窑口常用土坯或砖砌成。窑洞结构简单，冬暖夏凉，是中国黄土高原上的特色民居建筑。

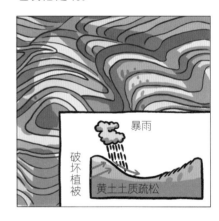

据科学家考证，黄土高原是由风从干旱的西北部吹来的黄土堆积而成的。这里是中国水土流失最严重的地区，因为早期这里的树木被大量砍伐，夏季被暴雨强烈冲刷，时间一久就形成了现在千沟万壑、支离破碎的特殊景观。

也正因如此，这里孕育出了独特的黄土地文化，出现了以窑洞为代表的特色民居。

奇峰秀景
——云贵高原

塔里木盆地

云贵高原

云贵高原位于我国西南部，主要包括云南省和贵州省。与西北地区完全相反，这里气候潮湿炎热。这一地区的石灰岩厚度大，分布广，再一经地表水和地下水的溶蚀，就很容易形成岩洞、峡谷等地貌，是世界上喀斯特地貌主要分布的地区之一。有"百里漓江、百里画廊"之称的桂林市漓江风景区，就是典型的喀斯特地貌，大家有时间可以亲临现场，去感受桂林山水的秀丽风姿。

不要以为西部都是黄沙漫天、大漠孤烟。这里还有奇峰秀景、绿水蓝天的另一片天地。

雪山上的明珠
——青藏高原

结束了第二阶梯的漫游，终于要来到海拔最高的第一级阶梯了。

由于这里海拔高、空气稀薄、含氧量低，很多来这里旅行的人都会有高原反应，不过只要提前做好预防就万无一失啦！

第 一 级 阶 梯

便携氧气瓶

葡萄糖

抗高原反应药

高原必备物品

如果你觉得有点头晕恶心，不要惊慌，这是正常的"高原反应"。

不愧是 4 000 米以上的高海拔地区，感觉整个人都像置身于仙境中，太美了。

上下求索

EXPLORATION

20 上下求索

祖国的大好河山

撰文：刘彦朋 Sun

啊，水怪！快跑啊！！

天使眼泪落人间
——长白山天池

走完了三级阶梯，我们一起来看看这片广袤土地上的秀丽风景吧！

位于吉林省的长白山，是一座休眠的火山，因其独特的地理构造，造就了绮丽迷人的景观。巍巍长白山是一座令人神往的山，那里有着茂密的森林、奇特的山峰、磅礴的瀑布和珍贵的动植物，堪称一座天然博物馆。

其主峰白头山素有"千年积雪万年松，直上人间第一峰"的美誉，那里有很多白色的浮石和积雪。大约两千年前一次剧烈的火山喷发后，火山口处形成盆状，天长日久，积满一池碧波，就有了现在的天池，关于它还有一种浪漫的说法——"天使眼泪落人间"。

天池周围有16座奇异峻峭的山峰，白云缭绕，湖水清澈，很是壮观。这里四季风光迷人，是长白山的必游之地。关于天池的水怪传说自古至今也有很多，更为它蒙上了一层神秘色彩。

天下第一潮
——钱塘江大潮

钱塘江古时又称"浙江"，浙江流经杭州的一段叫钱塘江，钱塘江大潮是一大自然奇观。每年的农历八月十八是观潮日，据说这一习俗始于汉魏，盛于唐宋，至今已有 2 000 余年。当钱塘江涌潮的时候，江面先是闪现一条白线，随之还可以听到隆隆的声响，潮头从远处飞奔而来，浪头可以耸起一面三四米高的水墙，恰如万马奔腾。

钱塘江位于长江中下游平原，长江中下游平原最显著的特点是地势低平，河渠纵横，湖泊星罗棋布。中国的五大淡水湖，均坐落于此。它们分别是江西省的鄱阳湖、湖南省的洞庭湖、江苏省的太湖和洪泽湖，以及安徽省的巢湖。

主编有话说

淡水湖，是指以淡水形式积存在地表上的湖泊，其湖水含盐量较低。鄱阳湖是我国第一大淡水湖。

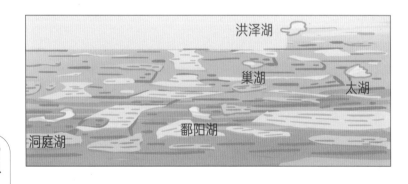

千佛洞
——敦煌莫高窟

石窟最早是僧人们在山中修行开凿的"小房间"，源于印度。佛教沿着丝绸之路来到中国后，石窟建筑形式也紧跟着传入中国。位于河西走廊西端的敦煌，是丝路上的交通要塞，过往的商人、僧侣络绎不绝。

公元 366 年，一位叫乐僔（zǔn）的僧人云游到敦煌。当他来到宕泉时，看到天空中金光闪耀，认为这里是修行的好地方，于是在鸣沙山东麓的崖壁上开凿了第一个石窟。后来，越来越多的僧人来到这里开凿石窟。一直到元朝，开凿活动才渐渐停止。这就是被称为"千佛洞"的敦煌莫高窟。

别看西北地区地处偏僻，这里孕育出了非常多的中华瑰宝。

敦煌莫高窟 中国壁画的最高峰

秦陵兵马俑 世界八大奇迹之一

嘉峪关 天下第一雄关

黄帝陵 华夏文明的创始者墓

上下求索 ● EXPLORATION

EXPLORATION (23)

中华第一瀑
——黄果树瀑布

　　黄果树瀑布位于我国贵州省安顺市，以水势浩大著称，是世界上著名的瀑布之一。黄果树瀑布受到了历代文人墨客的赞赏，吟诵黄果树瀑布之美的诗文也有很多。古代著名旅行家徐霞客在 300 多年前就对黄果树瀑布做了这样的描述："捣珠崩玉，飞沫反涌，如烟雾腾空，势甚雄厉……"其壮观澎湃，可见一斑。徐霞客也因此成为中国历史上对黄果树瀑布进行详尽记载的第一人。

热带植物基因库——西双版纳热带雨林

　　西双版纳热带雨林位于云南省的西双版纳州，如今已成立了自然保护区，这为保护野生动植物资源及其周围的生态环境提供了有力保障。我们应该共同努力，守护好这颗璀璨的明珠。

佛教圣地
——布达拉宫

西藏自治区首府拉萨，有着"日光之城"的美誉。那里空气透明度高，太阳光照也强，湛蓝的天空总是泛着微微的橙色。说起拉萨，我们就不得不提到布达拉宫，就像谈到北京，一定会想到天安门一样。

布达拉宫于 1994 年被列为世界文化遗产，据传是吐蕃王朝赞普松赞干布为迎娶文成公主而修建的，整座宫殿都颇具藏式风格，气势雄伟而神圣，每年都吸引着千千万万的朝圣者。

这里常年受紫外线直射，来旅游一定要做好防晒哦！

交相辉映的城市

撰文：刘彦朋 Sun
美术：露可一夏

北京城的小时候

不管你是在电视上看到的，还是曾亲自到访过，一定已经看过了我们的首都——北京。它古朴又现代，庄重又活泼，那你有没有好奇过，北京城小的时候长什么样呢？关于这个问题，今天就给你答案！

营建北京城

大约 600 年前，明朝迎来了它的第三位帝王。成为皇帝的朱棣一心想迁都北京，但每当他提起这件事，总会有大臣反对。无奈的他只能偷偷命人采办建筑材料，征调数十万名工匠，参照南京的形制，营建他心目中的北京。北京城的设计者按照《周礼·考工记》中的布局原则，前后营建了十几年。1421 年，北京已经焕然一新，建成后的北京城比南京还要气派，朱棣迫不及待地迁都，北京城再次成为首都。

增筑外城

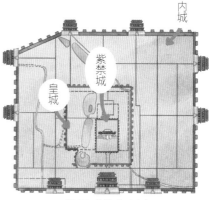
明初时的北京城

"凸"字形的都城

　　明清时的北京城由外城、内城、皇城和紫禁城（宫城）组成。除了外城，皇城和紫禁城都在内城中，一城套一城。皇帝的紫禁城被层层包围，处在城市的最中央，而比内城大一号的外城则在内城的南边。俯瞰整座北京城，就像一个"凸"字。为什么会这样呢？原来，明初的北京是座方城，但明朝嘉靖年间，蒙古的部落首领俺答汗领军劫掠北京城南的居民和商肆，皇帝十分恐慌。为了保护城南的居民和商肆，皇帝命人在内城之外再修筑一圈城墙。城墙先从南边修起，可刚修完南城就停工了。原来，当时明朝国库空虚，修墙的经费不足。没办法，只能暂停修筑外城，草草地将南城与内城连接起来，就这样形成了"凸"字形的都城。

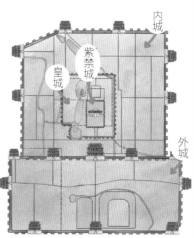
增筑外城后的北京城

北国风光——大东北

这里是号称"中国最北极"的黑龙江漠河。

它是中国纬度最高的地方，夏至那天会出现"白夜"的奇幻景象，它还是中国唯一可以看到北极光的地方。

黑龙江省的省会哈尔滨有着"冰城"美誉，每年的国际冰雪节都会吸引世界各国游客前来。

环渤海经济圈——海滨城市

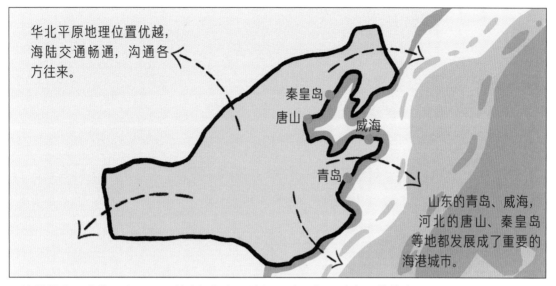

华北平原地理位置优越，海陆交通畅通，沟通各方往来。

秦皇岛
唐山
威海
青岛

山东的青岛、威海，河北的唐山、秦皇岛等地都发展成了重要的海港城市。

天津港从古至今就是中国重要的交通枢纽，沟通了中国与亚欧各国的往来。

以天津为中心、周边沿海城市为支线形成环渤海经济圈，作为中国的三大经济区之一，带动了北方地区乃至全国经济的不断发展。

北京
天津
大连
威海
潍坊
烟台

火车拉来的城市——石家庄

河北省省会石家庄，最初只是一个小山村。它西靠太行山，是黄土高原通往华北平原的重要关口。

石家庄

太行山

直通南北的京广铁路，横贯东西的石德、石太铁路均在此交汇，这里的经济因此而腾飞。

北京

天津

京广铁路

保定

石太铁路

石家庄

太原

石德铁路

德州

济南

交通枢纽——郑州

旅客朋友们，郑州站到了！

　　郑州拥有得天独厚的优越地理位置，从清朝起就已是重要的铁路交通枢纽。它利用便利的交通条件，发展出很多新兴工业，其中以纺织业最为闻名。

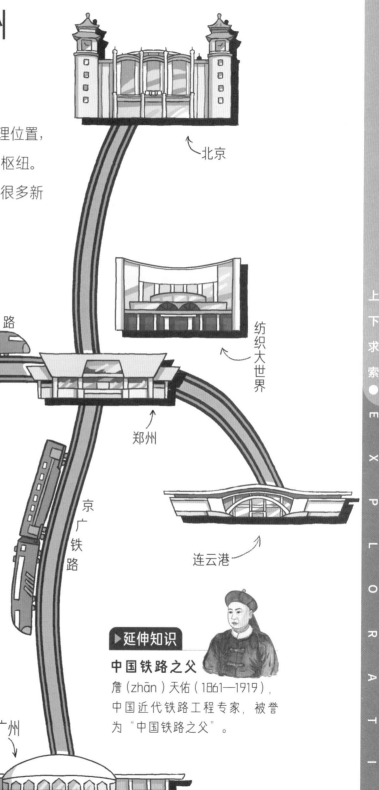

北京

陇海铁路

纺织大世界

西安

郑州

京广铁路

连云港

广州

▶延伸知识

19世纪末，随着列强抢夺中国路权的加剧，清政府只能做出改变。1905年，清政府任命从海外留学归来的詹天佑修建一条从北京到张家口的铁路。詹天佑顶着巨大压力和西方人的嘲讽，在没有现代机械的情况下，使用"竖井开凿法"打通了隧道。四年时间，京张铁路终于建成，这也是中国历史上第一条完全由中国人设计建造的铁路。

▶延伸知识

中国铁路之父

詹（zhān）天佑（1861—1919），中国近代铁路工程专家，被誉为"中国铁路之父"。

东方明珠——上海

有着"魔都"之称的上海，不仅是中国的经济中心，更是世界知名的大都会，在科技、金融、文化等重要领域都有杰出发展。上海密布的交通网络、繁华的街道、高耸的摩天大楼，都让我们感受到这座摩天都市的不断雄起。

Q & A

Q：上海的简称是什么？

A：申或沪

Q：上海在哪一年举办了世界博览会？

A：2010 年

Q：说出一道上海名菜。

A：八宝鸭 上海熏鱼 松江鲈鱼 水晶虾仁……

在上海，现代建筑有很多，比如东方明珠电视塔、世博会主题馆、上海科技馆等，多元的城市元素汇聚在这里，让上海独具魅力。

复旦大学

瑞金医院

上海科技馆

上下求索 EXPLORATION

包邮地区——江浙沪

你听过长江三角洲城市群这个词吗？它一共包括26个城市，位于长江入海前形成的冲积平原上。这一带有着众多的港口和丰饶的土地，所以又被认为是中国最强的经济区。

江浙沪地区还有个有趣的别称，叫"包邮地区"。

同时这里还是众多小商品市场的聚集地。

众所周知，国内著名电商平台起步于浙江，很多物流公司总部都在上海。

长三角地区经济富庶，居民购买能力强，因此得到了"包邮"这个"近水楼台先得月"的好福利。

江苏

上海

浙江

义乌小商品城　百货大全

国家宝藏大揭秘

撰文：Sun

都说一方水土养育一方人，九百六十万平方千米的土地上，遍布着我们华夏子孙的足迹。我们中国不仅有丰盛厚重的文明历史，在实实在在的资源方面，也是不容小觑。辽阔草原上的牛羊成群，水面上的千帆竞渡，田野里的麦浪滚滚，城市里的车水马龙……都在书写着我们这个大家园的丰饶和美丽。

这里是新中国工业的摇篮——辽宁省。它作为我国的矿产资源大省，在铁矿、石油、天然气、煤炭等方面都有很大的优势。

铁矿资源哪里强？

说到铁矿，我国还是世界上利用铁最早的国家之一。早在 19 000 年前，周口店的山顶洞人就开始使用赤铁矿粉作为颜料，来为饰品染色，这是人类利用天然矿物颜料的开始。后来，人们开采铁矿以及冶铁的技术也越来越成熟。

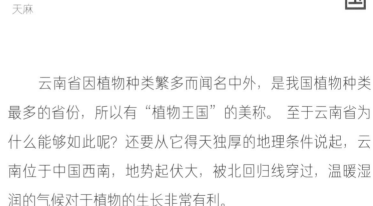

金银花

天麻

植物王国

云南省因植物种类繁多而闻名中外，是我国植物种类最多的省份，所以有"植物王国"的美称。至于云南省为什么能够如此呢？还要从它得天独厚的地理条件说起，云南位于中国西南，地势起伏大，被北回归线穿过，温暖湿润的气候对于植物的生长非常有利。

那里不仅有我们常见的植物，古老的、衍生的、独特的、外来的植物也有很多。据统计，在全国约 3 万多种高等植物中，云南省就占了二分之一。美丽的彩云之南，果然名不虚传！

世界屋脊的礼物

看过了温暖湿润的植物王国——云南，再来看一看与它气候条件相反的西藏会是怎样一番景象吧，那可是个寒冷、干燥、空气稀薄的地方。

美食之邦

中国被誉为"烹饪王国"，中国的美食不仅是一门技术，更是一种文化，不少特色美食富有地方风味和文化内涵，已经成为当地的特色。

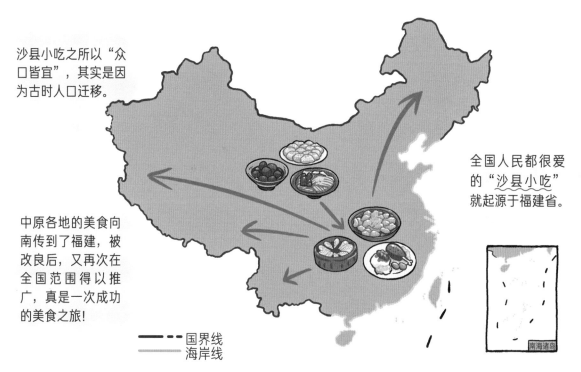

沙县小吃之所以"众口皆宜"，其实是因为古时人口迁移。

全国人民都很爱的"沙县小吃"就起源于福建省。

中原各地的美食向南传到了福建，被改良后，又再次在全国范围得以推广，真是一次成功的美食之旅！

- —— - - 国界线
- —— 海岸线

南海诸岛

广东就更不必说，拥有四大名菜之一的粤菜和种类繁多的广式早茶，为全世界所称赞。

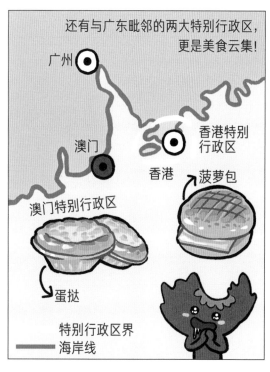

还有与广东毗邻的两大特别行政区，更是美食云集！

广州

澳门

香港特别行政区

香港

菠萝包

澳门特别行政区

蛋挞

—— 特别行政区界
—— 海岸线

青出于蓝

如何守护我们的家园?

课后半小时编辑组

主编您好,话至此,"我们的家园"这一主题介绍就要结束了,我们的国家这么美丽,这么辽阔,那我们能够做些什么来守护它呢?

Sun 老师

我很高兴有机会和大家一起聊这个话题。保卫家园,听起来是一个很宏大的事情,这更像是奥特曼或钢铁侠要做的事,哈哈,那这次我们就从生活中的细节说起,我们作为普通的一员,可以怎么去做。

大家都知道,世界上的人口越来越多,这样我们向大自然索取的资源也会越来越多,但是资源的数量和增长速度都是有限的,就比如前面提到的辽宁省的矿产资源,这是上天给我们的礼物,但需要我们合理地开采、珍惜地使用。类似的例子有很多,以下是我自己在生活中实践下来觉得可行的小建议,大家可以借鉴,小朋友们也可以分享给家人。

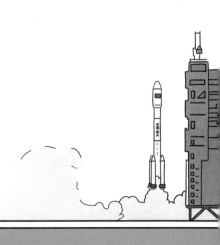

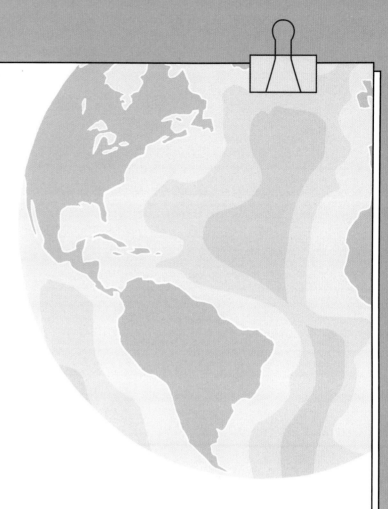

关于低碳生活的12个小习惯

1. 去超市购物自己带购物袋，尽量减少塑料袋的使用。

2. 随身带着一块手帕，减少面巾纸的使用，既卫生又环保。

3. 不急的话，出门多搭乘公交、地铁，短途选择步行或脚踏车。

4. 使用纸张时双面书写。

5. 积极参与社区或学校组织的植树活动和垃圾分类。

6. 家里尽量安装节能灯，并随手关灯。

7. 衣服进行手洗或集中清洗。

8. 出门随身携带水杯，减少购买瓶装矿泉水。

9. 入睡前半个小时可以关闭灯光。

10. 快递收到的包装箱和包装材料二次利用。

11. 让闲置玩具、书本、衣服都流动起来。

12. 践行光盘行动。

THINKING 头脑风暴

01 以下有世界屋脊之称的是哪个高原？（　　）

A. 青藏高原

B. 帕米尔高原

C. 云贵高原

02 要是你想在国内看到北极光，可以去哪个城市？（　　）

A. 香港

B. 北京

C. 漠河

六年级 科学

03 我国有几大阶梯？（　　）

A. 一个

B. 两个

C. 三个

植物王国   拉萨

日光之城   江浙沪

包邮地区   长白山天池

天使眼泪落人间   云南

二年级 科学

拼一拼

选出来正确的那一块儿吧!

名词索引

头脑风暴答案

选一选：ACC

拼一拼：1

连一连：
植物王国——云南
日光之城——拉萨
包邮地区——江浙沪
天使眼泪落人间——长白山天池

致谢

《课后半小时 中国儿童核心素养培养计划》是一套由北京理工大学出版社童书中心课后半小时编辑组编著，全面对标中国学生发展核心素养要求的系列科普丛书，这套丛书的出版离不开内容创作者的支持，感谢米莱知识宇宙的授权。

本册《美丽中国 我们共同的家园》内容汇编自以下出版作品：

[1]《这就是地理：家园》，北京理工大学出版社，2020 年出版。

[2]《图解少年中国史：房屋的故事》，电子工业出版社，2021 年出版。

[3]《图解少年中国史：交通的故事》，电子工业出版社，2021 年出版。

[4]《图解少年中国史：艺术的故事》，电子工业出版社，2021 年出版。

[5《图解少年中国史：城市的故事》，电子工业出版社，2021 年出版。

图书在版编目（CIP）数据

课后半小时 : 中国儿童核心素养培养计划 : 共31册/
课后半小时编辑组编著. -- 北京 : 北京理工大学出版社, 2023.5
　ISBN 978-7-5763-1906-4

Ⅰ. ①课… Ⅱ. ①课… Ⅲ. ①科学知识—儿童读物
Ⅳ. ①Z228.1

中国版本图书馆CIP数据核字(2022)第233813号

出版发行 / 北京理工大学出版社有限责任公司
社　　　址 / 北京市海淀区中关村南大街5号
邮　　　编 / 100081
电　　　话 / （010）82563891（童书出版中心）
网　　　址 / http://www.bitpress.com.cn
经　　　销 / 全国各地新华书店
印　　　刷 / 雅迪云印（天津）科技有限公司
开　　　本 / 787毫米×1092毫米　1 / 16
印　　　张 / 83.5
字　　　数 / 2480千字　　　　　　　　　　　　　责任编辑 / 李慧智
版　　　次 / 2023年5月第1版　2023年5月第1次印刷　文案编辑 / 李慧智
审 图 号 / GS（2020）4919号　　　　　　　　　责任校对 / 刘亚男
定　　　价 / 898.00元（全31册）　　　　　　　　责任印制 / 王美丽